역사 수다 군단 카드
매력 만점 고려 문화

벽란도
- 위치: 고려 예성강 하류
- 교통편: 배
- 특징: 무역 핫 스폿

세계적 지명도 / 여행 선호도 / 지역 안전도

고려청자
- 시대: 고려
- 만든 사람: 도공
- 특징: 천하제일 비색

세계적 지명도 / 제작 난이도 / 예술적 가치

의천
- 국적: 고려
- 직업: 스님
- 특기: 열공

다이내믹한 일생 / 지식 탐구력 / 깊은 불심

지눌
- 국적: 고려
- 직업: 스님
- 특기: 마음 갈고닦기

타고난 건강 / 수행 집착력 / 현실 파악력

고려를 대표하는 최고의 예술품!
고려 사람들의 뛰어난 기술이
만들어 낸 걸작 중의 걸작!
특히 상감 청자의 기법과 비색은
천하제일이다. 청자의 본고장인
송나라도 따라올 수 없을 정도라고.
고려청자는 다른 나라에서도
그 가치를 인정받아 인삼과 함께
고려의 수출품으로 자리매김하고 있다.
고려청자 가운데 가장 유명한 것은
'청자 상감 운학문 매병'.
넓고 당당한 어깨와 아래로 떨어지는
부드러운 곡선이 매우 아름답다고
평가받는다.

고려 최고의 국제 무역항!
세계 상인들이 사랑하는 무역 핫 스폿!
고려의 수도인 개경과 가깝고
물이 깊어 큰 배도 드나들기 쉬워
무역항으로 크게 발전한 곳이다.
원래 이름은 예성항이었으나,
외국 사신들이 머무는 건물인
벽란정의 이름을 따 '벽란도'라 부른다.
단골 고객층은 중국 송나라 상인들!
물론 일본과 동남아시아, 거란 등
다른 나라 상인도 많다.
아라비아 상인도 왕래했는데,
이때부터 고려가 코리아, 코레아,
코리 등으로 불리게 되었다.

태어날 때부터 몹시 허약했지만
부모님의 지극정성 기도 덕분에
병이 완전히 낫게 된 기적의 주인공!
병이 나아 건강해진다면
지눌을 부처님께 바치겠다고 한
부모의 약속대로 승려가 된다.
열심히 공부해 승과에 당당히 합격!
하지만 부패한 승려들에게 급 실망해
벼슬길로 나가지 않고 수행에만 전념,
'마음이 곧 부처'라는 깨달음을 얻는다.
선종의 입장에서 교종을 통합,
조계종을 세워 대립하던
고려 불교의 대통합을 이룬다.

빵빵한 고려 왕실에서 태어나
왕자 신분이었다가 승려가 된 인물.
세상에서 공부가 가장 쉬웠는지,
스님이 되어서도 줄곧 공부만 하다가
가족의 반대도 무릅쓰고
송나라로 건너가 불교 공부까지
하고 온 레알 유학파!
고려에 돌아와서도 여러 나라에서
모은 불교 책 목록과 내용을
정리하는 등 학구파의 면모를
줄곧 과시한다.
죽어서 '큰 깨달음을 얻은 스승'이라는
뜻의 '대각 국사' 시호를 받으며
고려 최고의 승려로 추앙받는다.

재미만만 한국사 10
매력 만점 고려 문화

초판 1쇄 발행 2020년 8월 24일 | 초판 15쇄 발행 2024년 12월 10일
글 정지아 | 그림 허아성 | 감수 하일식
발행인 이봉주 | 편집장 안경숙 | 기획 안경숙, 구름돌 | 편집 및 디자인 구름돌
디자인 포맷 구름돌, 민트플라츠 송지연 | 마케팅 정지운, 박현아, 원숙영, 김지윤, 황지영 | 제작 신홍섭

펴낸곳 (주)웅진씽크빅 | 주소 경기도 파주시 회동길 20 (우)10881
문의전화 031)956-7440(편집), 031)956-7569, 7570(마케팅)
홈페이지 www.wjjunior.co.kr | 블로그 blog.naver.com/wj_junior
페이스북 facebook.com/wjbook | 트위터 @new_wjjr | 인스타그램 @woongjin_junior
출판신고 1980년 3월 29일 제406-2007-00046호 | 제조국 대한민국 | 사용연령 7세 이상

글ⓒ정지아, 2020 | 그림ⓒ허아성, 2020
저작권자와 맺은 특약에 따라 검인을 생략합니다.

웅진주니어는 (주)웅진씽크빅의 유아·아동·청소년 도서 브랜드입니다.
이 책은 저작권법에 의해 한국 내에서 보호를 받는 저작물이므로 무단전재와 복제를 금하며,
이 책 내용의 전부 또는 일부를 이용하려면 반드시 저작권자와 (주)웅진씽크빅의 서면 동의를 받아야 합니다.

ISBN 978-89-01-24413-6 · 978-89-01-24403-7(세트)

잘못 만들어진 책은 바꾸어 드립니다.
⚠ 주의 1. 책 모서리가 날카로워 다칠 수 있으니 사람을 향해 던지거나 떨어뜨리지 마십시오. 2. 보관 시 직사광선이나 습기 찬 곳은 피해 주십시오.

글 정지아 | 그림 허아성

웅진 주니어

재미만만 한국사
고려
차례

1 6~31쪽
코리아가 세계에 알려지다

이름: 샬만
취미: 여행
단점: 심한 뱃멀미

아라비아 최고 상인의 아들. 아버지를 따라 고려에 왔다가 멋진 고려 물건들을 보고 한눈에 반해 버린다.

2 32~49쪽
천하제일 고려청자

이름: 양자기
직업: 도공
특기: 좋은 흙 찾기

불같은 성격의 소유자로, 청자를 만들 때에는 누구보다 엄격하다. 천하제일 고려청자를 만든다는 자부심이 대단하다.

3 고려 시대 여자들은 이렇게 살았대!
50~69쪽

이름: 연화
나이: 열네 살
성격: 활발함.

커서 멋진 고려 여인이 되는 것이 소원인 소녀. 높은 관리와 재혼한 어머니 덕분에 관리의 딸로 신분 상승을 한다.

4 고려 사람들이 사랑한 불교
70~97쪽

이름: 반야
직업: 동자승
특기: 의천 스님 따라다니기

의천 스님 껌딱지. 의천 스님의 말씀을 듣고 자라 나중에 불교를 진심으로 사랑하는 훌륭한 승려가 된다.

1 코리아가 세계에 알려지다

"우웩!"
정말이지 죽을 것 같아.
이젠 토할 것도 없어. 먹지도 못했으니까.
이게 다 아버지 때문이야.
대체 코리아 청자가 뭐라고, 이러다 사람 잡겠어.
그런데도 아버지는 싱글벙글.
여태껏 수없이 토한 아들은 보이지도 않나 봐.
아버지 눈앞에는 코리아 청자만 아른거리겠지. 흥!
내 이름은 살만.
아버지를 따라 배를 타고 중국 송나라에서
코리아로 가는 중이야.

아버지는 중국 송나라와 물건을 사고파는
아라비아 최고의 상인이야.
음식에 맛을 더하는 조미료인 향신료와
코끼리의 엄니인 상아를 송나라에 가져가 팔고,
송나라에서 비단과 차, 자기 등을 사서
아라비아 사람들에게 다시 파는 일을 하지.
그런데 어느 날, 아버지가 잔뜩 흥분해서 돌아왔지 뭐야?
아버지가 조심스레 꺼내 놓은 것은 푸른빛이 도는 자기였어.

아버지는 한동안 송나라 상인을
통해 코리아 청자를 사들였어.
송나라 상인은 코리아 청자를
몇 배나 비싸게 팔았지.
아버지는 청자를 코리아에서
직접 사고 싶어 했어.
그래서 코리아에 갔다가,
코리아 물건들에 완전 반해 버렸지.
"청자와 종이는 코리아가 최고란다! 비단도 훌륭하지."
아버지가 사 온 코리아 물건들은 아라비아에서 인기가 좋았어.
덕분에 '코리아'라는 나라는 인도나 유럽까지 알려지게 되었어.

아버지는 이번이 코리아에 세 번째 가는 거야.
"우아, 이렇게 많은 사람이 코리아로 가는 거예요?"
대충 세어 보니 아라비아 상인이 100명 정도 되는 것 같았어.
송나라에서 코리아까지 가는 바닷길은 생각보다 험난했어.
바닷물의 빛깔이 여러 번 바뀌고,
파도가 높아졌다가 낮아졌다가,
날씨도 맑지만은 않았지.

그런데 코리아는 어떤 나라이기에
가는 길이 이렇게 위험한데도 수많은 상인이
앞다투어 찾는 걸까?

"드디어 도착했다!"
우리가 탄 배가 예성강 입구로 서서히 들어섰어.
강 위로 수많은 배가 서로 부딪칠 듯이
가까이 스쳐 지나갔어.

"여기가 바로 코리아의 벽란도란다.
이곳은 물이 깊어 큰 배들도 자유롭게 드나들 수 있어.
코리아의 수도인 개경과도 가까워 장사하기에도 편리하지.
그래서 여러 나라의 많은 상인이 벽란도로 모여든단다."
아버지 말씀대로 벽란도는 많은 배와 사람들로 북적였어.

나랏일을 맡아보는 관리가 배에 실린 물건들을 검사하러
배에 올라탔어.
"아지즈, 또 왔군요. 대식국은 엄청 멀다면서요?
뱃길은 위험하지 않으셨나요?"
송나라와 코리아 사람들은 우리 아라비아를
대식국이라고 부른대.
"큰돈을 벌려면 위험을 무릅써야죠."
아버지가 인사하라며 머리를 누르는 바람에
난 고개를 숙였어.
이게 코리아 인사법이라나.

"이번엔 뭘 가져오셨습니까?"
"화장할 때 쓰는 수은과 향료, 장식품이나 보석 등으로 쓰이는 상아와 산호, 호박을 가져왔지요."
검사를 마친 관리는 물건을 배에서 내려도 좋다고 했어.
선원들이 아라비아에서 송나라로,
송나라에서 다시 코리아로 건너온 물건들을
배에서 내리기 시작했어.

나는 벽란도 주변을 이리저리 둘러봤어.
사람들이 어마어마하게 많은 짐을 배에 싣거나 내리고 있었어.
생김새가 서로 다른 사람들이 멀리서 온 물건을
구경하거나 사고팔기도 했지.
"아, 벽란도는 정말 다른 나라와 물건을 사고파는
코리아 무역의 중심지인가 봐요."

"저기 멋진 집은 송나라에서 온
신하들이 머무는 벽란정이란다."
우리는 벽란정을 뒤로하고
숙소로 향했어.

"먼저 배를 좀 채우자꾸나."
벽란도에는 외국 상인들을 위한 가게들이 늘어서 있었어.
킁킁, 음식 냄새를 맡으니까 갑자기 배가 고프지 뭐야?
배에서 다 토했으니 그럴 만도 해.
그런데 아버지가 누군가에게 반갑게 인사를 하는 거야.
"어이구, 어르신. 그동안 잘 지내셨습니까?
살만, 인사하렴. 송나라 상인 어른이시다."

아버지와 송나라 상인은
먹을 것을 파는 가게에 들어가
술잔을 주고받았어.

"어르신, 이번엔 무엇을 가져오신 겁니까?"
"그야 고려 사람들이 가장 좋아하는 비단이지.
지난번 주문받은 책과 약재도 잔뜩 가져왔는데
며칠 되지도 않아 다 팔렸다네.
고려 사람들은 질 좋은 우리 송나라 물건을 아주 좋아해."

상인은 쉴 새 없이 송나라 자랑을 늘어놓았어.
아버지는 그 말이 듣기 싫은지 헛기침을 했어.
아버지는 비단도 코리아 것이 최고라고 했거든.

"수백 명의 송나라 상인이 개경에 살면서 장사를 하고 있지 않습니까? 그러니 송나라 물건을 많이 쓸 수밖에 없지요."
"우리 송나라 물건이 세상 최고라서 그런 거라니까."
"아, 그런가요? 송나라 사람들도 코리아의 인삼, 청자, 종이, 먹, 부채 등은 최고로 치던데요.
그래서 저도 이 먼 데까지 온 거고요."

아버지는 어느새 송나라 상인에게
코리아 물건을 자랑하고 있었어.
코리아 사람처럼 말이야.

"오늘은 개경으로 가자꾸나."
다음 날 일찍 우리는 개경으로 출발했어.
코리아 왕이 산다는 개경은 그리 멀지 않았어.
몇 시간 지나지 않아 개경에 닿았지.
개경은 튼튼한 성벽으로 둘러싸여 있었어.
성안으로 들어가 한참을 걷다 보니 엄청나게 큰 집이 보였어.
"저기는 궁궐이란다. 아무나 들어갈 수 없지."
그러고 보니 창과 칼을 든 병사들이 문을 지키고 있었어.

"자, 여기부터 저기, 양옆으로 큰 가게들이 늘어서 있지?
여기가 바로 시전이란다."
아버지가 가리키는 길은 마차 몇 대가
동시에 지날 수 있을 만큼 넓었어.
길 양옆으로는 멋진 기와집들이 늘어서 있었고,
집집마다 온갖 물건이 산더미처럼 쌓여 있었어.

우아, 여기가 다 가게예요?

"시전은 나라에서 지어 상인들에게 빌려준 가게란다.
시전을 빌려 쓰는 상인들은 나라에서 허락한
물건만 팔 수 있어.
코리아에서는 귀족들이 시전을 갖고 있다고 하더구나."
아침인데도 시전은 사람들로 북적거렸어.

나는 가게마다 내놓은 비단이나 장신구 같은 것들을
구경하느라 정신이 없었어.
아버지도 물건을 사고파느라 바빴지.

"일본 상인들은 칼, 향료, 감귤 등을 가져와 팔고,
코리아의 인삼을 사 간단다.
코리아 인삼이 약효가 뛰어나거든."

나처럼 피부색이 검고 몸집이 자그만 남자들도 보였어.
너희 때에는 '타이'라고 불리는 섬라곡국 사람들이지.
"저 사람들은 주로 인삼과 종이, 돗자리인 화문석을
산다고 하더구나."
그때 나는 가게에서 무언가를 발견했어.

"나무 함에 빛깔이 고운 조개껍데기 조각을 박아 넣거나
붙여 만든 나전 칠기야. 송나라 상인들이 좋아하지.
예쁘긴 정말 예쁘구나."
우리는 어머니에게 나전 칠기를 선물하기로 했어.

끼이익

늦은 저녁, 우리가 묵고 있는 곳으로 누군가 찾아왔어.
아버지는 그 사람을 보자마자 신발도 신지 않은 채 달려 나가 반갑게 끌어안았어.
"약속을 지켜 주어 정말 고맙소, 양 도공."
"그 먼 강진까지 나를 찾아왔는데 어찌 약속을 지키지 않을 수 있겠소? 나라에 바치고 남은 청자라오."
아버지는 계속 고맙다고 인사하며 받은 상자를 조심스럽게 열었어.

와락

상자에서 모습을 드러낸 건 바로 향을 피우는
자그마한 화로인 청자 향로였어.
때마침 구름을 벗어난 달이 밤하늘을 환히 밝히면서
청자 향로가 달빛 아래 은은하게 빛났어.
나도 모르게 입에서 감탄사가 절로 터져 나왔어.

다음 날, 벽란도는 아침부터 분주했어.
남풍이 불기만을 기다리던 송나라 배들이
이른 아침부터 줄지어 떠났거든.
우리도 어젯밤에 받은 청자 향로를 조심스레 배에 싣고
마실 물과 먹을 음식도 챙겼어.
배의 출발을 알리는 나팔 소리와 함께
우리가 탄 배는 벽란도를 떠났어.
우리가 아라비아로 돌아온 뒤부터
더 많은 사람이 송나라 동쪽에 있는 작은 나라,
코리아를 알게 되었어.
코리아를 코레아, 코리 등으로 부르기도 했지.
많은 상인이 인삼의 나라,
세상에서 가장 아름다운 청자의 나라,
코리아를 향해 달려갔단다.

아름다운 문화를 간직한 코리아!

2 천하제일
고려청자

"스승님, 다녀오셨어요?"
제자 단이가 나를 보자마자 언덕을 뛰어 내려왔어.
단이는 반갑게 내 짐을 받아 들고는 두리번거렸어.
"옜다, 아지즈 상인이 준 선물이다.
　　　　최고급 호박이라더구나."
　단이는 대식국의 상인이야.
작년에 벽란도에 왔다가
　　　우리 마을에서 만든 청자를 보고는 반해서
　　머나먼 이곳 강진까지 나를 찾아왔지.
　　나는 청자를 만드는 고려 최고의 도공!
허허, 내 입으로 최고라고 말하니 쑥스럽구먼.

나는 서둘러 자기를 굽는 가마로 향했어.
"이놈들아! 눈이 있는 거야, 없는 거야!"
막 가마에서 꺼낸 청자들을 살피던 나는
불같이 화를 내며 연적을 땅바닥에 집어 던졌어.
먹을 갈 때 쓰는 물을 담는 그릇 말이야.

제자들은 벌벌 떨며
어쩔 줄 몰라 했어.
내가 없는 동안
가마의 불을 살피느라
제대로 잠도 못 잤는데
다 헛일이 되고 만 거지.

나는 가마에서 나온 찻잔과
화병들을 가리키며 말했어.
"맑고 은은한 푸른빛을 비색이라
한다 했느니라.
그런데 너희가 구운 이 청자들을
보거라. 색이 탁하지 않으냐.
이걸 어찌 천하의 비색이라
할 수 있겠느냐!"

나는 인상을 찌푸린 채
가마에서 나온 청자를 모두
깨뜨려 버렸어.

"스승님, 최고는 아니지만 그래도 괜찮지
않습니까? 이래도 다들 좋아하던데
왜 아깝게 다 깨 버리시는 겁니까?"

"원래 청자는 송나라에서 들어왔다.
하지만 지금은 송나라 청자보다 고려청자를
최고로 여기는데, 그 이유를 아느냐?
바로 고려청자만의 비색 때문이다.
이 비색이 아니면
천하제일의 고려청자가 아니다!"

그제야 제자들도 내 말을 알아들었나 봐.
묵묵히 깨진 청자 조각들을 치우는 걸 보니.

그나저나 이제 큰일 났어.

관아에서 주문한 청자뿐만 아니라
며칠 전 합천에서 온 기복이라는 노비가 주인 아가씨
주문이라며 부탁한 것까지 다 깨 버렸으니 말이야.
몇 날 며칠 눈코 뜰 새 없이 바쁘게 생겼어.

다음 날 아침, 나는 이른 새벽에 일어났어.
새 흙을 캐러 가기 전, 맑은 물을 떠 놓고
제자들은 물론 가족들까지 모두 모여 기도를 올렸어.

흙도 아무 데서나 캐서 쓰면 안 돼.
여기저기 다니면서 흙을 만져 보고, 심지어 먹어도 보면서
좋은 흙을 찾아야 하지.

"흙이 다 거기서 거기지, 이렇게 먼 데까지 와서 캘 게 뭐람?"
흙을 나르던 제자 섭이가 투덜거렸어.
"섭아, 비색을 잘 내리면 뭐가 필요하다고 했지?"
"좋은 흙과 도자기에 덧바르는 약인 유약이 필요하다고
하셨습니다."
나는 고개를 끄덕였어.
"그래, 여기 강진에는 높은 온도에도 잘 견디는 좋은 흙이 많아.
쇠 맛이 많이 나는 흙이 그렇다 할 수 있지.
하지만 강진에 있는 흙이 모두 쇠 맛이 나는 게 아니란다.
그러니 최고의 흙을 찾으려면 몸이 힘들 수밖에.
우리 도공의 이런 노력 덕분에 강진의 고려청자가
최고로 손꼽히는 거란다."

이제 좋은 물을 찾아야지.
나와 제자들은 이른 새벽에
물을 길으러 갔어.

한 시간이나 걸어야 도착하는 약수터 물이 최고거든.

이제 흙에 물을 붓고 발로 밟아 반죽을 해.
그리고 반죽을 물레에 올려 돌리면서 그릇 모양을
만드는 거야.

만든 그릇을 그늘에서 말린 뒤 조각칼로 무늬를 새겨.
보통 구름, 학, 모란, 국화, 연꽃 등의 무늬를 넣지.

청자 중에는 순청자와 상감 청자가 있어.
순청자는 한 가지 색으로 만든 청자이고, 상감 청자는
여러 가지 색으로 다양한 무늬를 새겨 넣어 만든 청자란다.
얼마 전부터 강진과 부안에서 상감 청자를 만들기 시작했지.

"단아, 최고의 도공이 되려면 네가 만든 청자가 곧 고려의 얼굴이라는 자부심을 가져야 한다. 알겠느냐?"
"네, 알겠습니다."
"자, 그릇이 그늘에서 충분히 말랐으니 이제 가마로 옮기자꾸나."

열심히 할게요.

우리는 그늘에 말린 그릇을 가마에 넣고 불을 지폈어.
700도가 넘는 높은 온도에서 초벌구이를 해야 하거든.
초벌구이를 해야 그릇이 단단해져 유약을 잘 바를 수 있단다.
초벌구이가 끝났으면 이제 그릇에 유약을 발라야지.
"단아, 네가 한번 해 보거라."

유약은 워낙 귀해서 지금까지는 내가 제자들에게
유약 바르는 것을 허락하지 않았어.
"유약 바르는 건 처음이니, 유약은 내가 만들어 주마."
단이는 그릇에 유약을 조심조심 발랐어.
이렇게 유약을 바르면 그릇에 윤이 나고, 물이 스며들지 않아.

유약을 입힌 그릇은 1,200~1,300도의 아주 뜨거운 가마에서
다시 구워야 해. 재벌구이를 하는 거지.

재벌구이가 끝나고 달아올랐던 가마가 다 식었어.
제자들이 가슴을 졸이며 가마 입구를 부수었어.
그러고는 기도하는 마음으로 가마 안으로 들어가
청자들을 조심조심 들고나왔지.
나는 청자 하나를 높이 들고 햇빛에 비추며 꼼꼼히 살폈어.

"스승님의 입가에 웃음이 번졌다!"
"최고의 청자가 만들어지면 스승님은 꼭 저렇게 웃으시지."
상감 청자는 고려청자의 꽃이라고도 해.
그만큼 아름답기 때문이야.
순청자가 깨끗하고 단순한 아름다움을 자랑한다면,
상감 청자에서는 다채롭고 화려한 아름다움을 느낄 수 있어.

나는 청자를 높이 들며
제자들에게 시 한 구절을 들려주었어.

"귀족에게 상감 청자 술잔을 만들어 주었더니
귀족이 감탄하면서 들려준 이규보의 시란다.
청자 만드는 솜씨가 하늘의 재주를 빌린 것 같다는 뜻으로,
상감 청자의 아름다움을 노래하고 있지."

상감 청자에 작디작은 무늬를 새겨 넣을 때마다
정말이지 눈이 너무 아파 빠질 것 같아.
지금도 눈이 침침하지만, 괜찮아!
세상에서 가장 아름다운 자기를 만드는 데 이만한 고통이
따르는 건 당연하잖아?
나는 천하제일의 고려청자를 만드는 고려 최고의 도공이니까!

3. 고려 시대 여자들은 이렇게 살았대!

"강진에 갔던 기복이가 돌아왔습니다."
나는 잔칫상을 둘러보다가 자리에서 벌떡 일어났어.
기복이가 언제 오나 손꼽아 기다렸거든.
어머니에게 선물할 찻잔 세트인 다구를
강진에 있는 유명한 도공에게 주문했는데,
기복이가 그 다구를 가지러 갔기 때문이야.
물론 내가 쓸 화장품 통도 살짝 끼워 주문했지.
"우아, 귀엽다."
작은 화장품 통에는 어여쁜 매화가 잔뜩 피어 있었어.

역시 대단한 도공이야.
어머니도 다구를 맘에 들어 하시는 눈치야.

그런데 우리 집이 왜 이리 북적거리느냐고?
우리 어머니가 내일 결혼을 하시거든.
이미 자식이 있는데 무슨 결혼을 또 하냐고?
우리 아버지는 오래전에 병으로 세상을 떠나셨어.

우리 고려에서는 서로 맞지 않는 부부는 이혼을 할 수도 있고,
남편이나 아내가 죽으면 재혼을 하기도 해.
고려의 풍습이 그렇거든.
이혼을 하거나 재혼을 해도 아무도 뭐라 하지 않아.

왕족들도 다 그러는걸.
충렬왕의 세 번째 부인은 남편을 잃고 혼자 사는 과부였고,
충선왕의 부인도 이전 남편과 자식을 일곱이나 낳고 살다가
남편이 죽고 충선왕과 재혼했어.
왕비가 데려온 자식들은 모두 왕자와 공주로
귀한 대접을 받았지.
나의 새아버지는 높은 관리야.
그래서 나도 이제부터 관리의 딸로 대접받게 될 거야.
고려에는 부모가 신분이 높으면 시험을 보지 않고
벼슬길에 오를 수 있는 음서 제도가 있어.
재혼한 아내가 데려온 자식에게도 같은 기회가 주어지지.
하지만 여자는 벼슬을 지낼 수 없어.

"연화, 연화야!"
앗, 내가 가장 좋아하는 외삼촌 목소리야.
부리나케 뛰어나가다 그만 신발 한 짝이 벗겨지고 말았어.
"아이고, 넘어질라. 조심해야지. 아직도 선머슴 같다니까."
외삼촌이 나를 번쩍 들어 올리더니 빙빙 돌렸어.
"이제 우리 연화도 머지않아 결혼을 하겠구나."

나는 올해 열네 살.

아마 열여섯 살이 되면 결혼을 하게 될 거야.

고려 여자는 보통 열여섯 살쯤에 결혼을 하니까.

고려에서는 시집을 간다고 하지 않고 장가를 간다고 해.
결혼을 하면 남편이 한동안 아내 집에서 살아야 하거든.
외삼촌도 개경의 귀족 아가씨와 결혼해서 개경에 살아.

여자 집에서 자식을 낳고 살다가 남편이 벼슬을 지내거나
자식이 어느 정도 크면 나와서 따로 살아.
자식이 딸뿐이면, 딸이 평생 부모를 모시는 경우도 많아.
아들이든 딸이든 다 같은 자식인데 당연히 그래야지.

"멀리서 왔구나."
어머니가 반갑게 외삼촌을 맞이했어.
사이좋은 모습의 오누이를 보자, 나는 피식 웃음이 났어.
두 사람은 오래전 고려를 떠들썩하게 한 주인공이었거든.
그 유명한 상속 이야기를 들어 볼래?

우리 외할아버지가 돌아가실 때 어머니는
막 결혼을 해 우리 아버지와 외갓집에서 살고 있었어.
그때 외삼촌은 어린아이였대.
고려에서는 원래 아들과 딸이 부모의 재산을
똑같이 물려받게 되어 있어.
그런데 외할아버지가 엉뚱한 유언을 남기셨지 뭐야.

어른이 된 외삼촌은 재산을 하나도 물려받지 못했다며 재판을 벌였어. 어떻게 되었냐고?
고을을 다스리는 관리가 명판결을 내렸어.

어린 동생이 의지할 사람이 누이밖에 없는데, 아버지는 똑같이 재산을 물려주면 누이가 동생을 제대로 돌보지 않을까 걱정한 것이다. 그리고 아들이 어른이 되면 자신이 물려준 옷을 입고, 모자를 쓰고, 신발을 신고, 종이에 억울함을 적어 제 몫을 찾기를 바란 것이다.

그렇게 깊은 뜻이……. 흑흑. 누님, 제가 오해했습니다.

걱정 마라. 재산을 똑같이 나누자꾸나. 나도 미안하다. 흑흑.

그 뒤로 둘은 어떤 오누이보다 사이가 좋아.

잘 해결됐지?

노비들이 외삼촌이 가져온 물건들을 잔뜩 들고 왔어.
"저게 다 뭐예요?"
"결혼 선물이지. 하나뿐인 동생이 가만있을 수는 없잖아?"
외삼촌이 가져온 건 개경에서 유행하는 여인들의 물건이었어.

드디어 어머니의 결혼식 날이야.
온 집안이 새벽부터 시끌시끌해.
친척들은 물론이고 동네 사람들까지 다 모였거든.
우리는 좋은 가족이 될 거야.

결혼식이 끝나고 개경으로 돌아가기 전 외삼촌이 말했어.
"누님, 이제부터 제가 아버님 제사를 지낼게요."
지금까지는 어머니가 외할아버지 제사를 지냈거든.

고려에서는 딸이든 아들이든 원하는 사람이 제사를 모셔.
당연하잖아?
다 같은 자식이니까.
여기는 딸과 아들을 차별하지 않는 고려라고!

재산도 마찬가지야.
결혼을 해도 원래 아내 재산은 아내의 것,
원래 남편 재산은 남편의 것이야.

고려에서는 여자와 남자 모두 자기 재산을
가질 수 있거든.

고려에서는
당연한 일이야.

여자가 남편과 이혼하면 재산은 어떻게 되느냐고?
여자가 결혼할 때 가지고 온 재산은 다 여자 거야.
이혼하면 여자는 가지고 간 자기 재산을 다 챙겨 나오지.
여자가 재산을 물려줄 자식을 낳지 못하고 죽으면
여자의 재산은 친정에서 가져가.

내일은 연등회가 열리는 날.
우리 가족은 미리 절에 와서 등을 달고
소원을 빌기로 했어.
스님 한 분이 내가 연등 다는 걸 도와주셨어.
아, 왕자님 중에 스님이 되셨다는 분이야.
이렇게 뵙다니. 이번 연등회는 잊지 못할 것 같아.

의천 스님…….

자, 이제 소원을 빌 시간!
내 소원은 이거야.
'여성이 자유로운 나라, 고려에서
멋진 여인이 되게 해 주세요.'

4. 고려 사람들이 사랑한 불교

오늘은 연등회 전날,
한 가족이 소원을 빌면서 등을 달고 있어.
연등회 전날에는 사람들이 등을 달아 마을 전체를 밝혀.
의천 스님이 여자아이가 연등 다는 걸 도와주시네.
참 친절하고 따뜻하신 분이야.
나는 승려가 되려고 절에서 공부하는 동자승이야.
의천 스님 곁에서 많은 것을 배우고 있지.
스님과 나는 고려의 큰 행사인 연등회에 참석할 거야.

문종께서 불교에 공을 들이신 건 불교에 대한
믿음 때문만은 아니었대.
불교로 백성의 마음을 한데 묶고 왕의 힘을
더 강하게 하기 위해서였대.
그래서 문종 때 고려는 가장 안정되어 백성이 살기 좋은
태평성대를 누렸어.

"스님께서 어떻게 스님이 되셨는지 또 말씀해 주세요.
들어도 들어도 놀라워요."
내가 조르자 의천 스님이 말씀하셨어.
"내가 왕자였을 때의 이름이 '후'라고 말했지?
어느 날 아버지 문종께서 아들들을 불러 놓고
이렇게 물으셨어.

하지만 아무도 대답하지 않았어.
나는 이때다 싶어 손을 번쩍 들었지.
그리고 고려의 유명한 왕자 스님이 되었어.
이렇게 고려의 불교는 백성뿐만 아니라
왕들도 적극 믿고 따르는
대중적인 종교야."

"스님, 이번엔 중국 송나라에 가신 이야기 좀 해 주세요."
"난 고려의 불교를 발전시키고 싶었어.
그래서 송나라에 공부를 하러 가려 했단다.
하지만 아버님께서 허락하지 않으셨지.

그러나 포기할 내가 아니지. 아버님이 돌아가시고 2년 뒤,
부처님 오신 날 고려 전체가 떠들썩할 때
아무도 몰래 벽란도를 통해 송나라로 떠났어."

의천 스님의 송나라 유학길은
마치 첩보 영화의
한 장면 같아.

"스님, 이제 곧 연등 행사가 시작됩니다."
"그래, 그래."
오늘은 부처님이 태어나신 날,
연등회는 부처님의 탄생을 기념하고 축하하는 행사야.
태조께서는 자신이 고려를 세울 수 있었던 것은
부처님의 보살핌 덕이라고 하셨어.
그러면서 자신의 유언을 담은 「훈요 10조」에
해마다 연등회와 팔관회를 꼭 열라는 말씀을 남기셨어.

내가 지극히 원하는 것은 연등회와 팔관회에 있다. 연등회는 부처님을 섬기는 것이요, 팔관회는 하늘과 큰 산과 큰 강, 바다의 용을 섬기는 것이다.

태조

「훈요 10조」

연등이 환하게 밝혀진 밤,
사람들이 악기를 연주하고 춤을 추면서
축제를 즐겨.
궁궐에서 벌어지는 연등 행사에서는 춤을 추며
'임금님 만세'나 '천하태평' 같은 글자를 만든다고 해.
연등회는 부처님의 은혜에 감사하는 행사이기도 하지만
나라와 개인의 복을 비는 행사이기도 해.
나도 연등을 달면서 부처님께 빌었어.

비나이다

"스님, 궁금한 게 있는데요.
스님께서는 송나라에서 공부하고 돌아오신 뒤
무슨 일을 하셨나요?"
"불교에 관한 책들의 목록을 정리했단다.
송나라와 일본 등지에서 십여 년 넘게 모은 책들이지.
그러고는 목록에 따라 책의 내용을 정리하여 목판에 새기고
찍어 내어 책으로 만들고 있단다.
지난 것들을 잘 살펴야 무엇이 중요한지 알 수 있느니라.
지난 것을 디딤돌 삼아 앞으로 나아가는 거지.
나는 그런 일을 하고 있단다."

"그러면 스님께서 널리 알리시려는 천태종은 무엇인가요?"
"흠, 지금 고려에 유행하는 불교는 교종과 선종이야.
교종은 부처님의 말씀을 연구하여 깨달음을 얻으려는 것이고,
선종은 마음을 갈고닦으면서 깨달음을 얻으려는 것이란다.
지금은 서로 교종이다, 선종이다 싸우고 있는데,
나는 그러지 말고 교종을 중심으로 선종을 합쳐
불교를 하나로 만들자는 거야."

스님은 천태종에 대해
계속 설명하셨지만,
어린 나는 이해하기 어려웠어.

하지만 의천 스님이 나뉘어 있는
불교를 하나로 합치려는 노력을
하신다는 것은 알 수 있었지.
이런 노력으로 고려의 불교가
더 다양하게 발전하는 것 같아.

의천 스님은 있는 힘을 다해 천태종을 알리셨단다.
사람들은 왕자인 의천 스님의 말을 귀담아들었어.
숙종께서도 의천 스님의 뜻에 따르셨지.

하지만 몇 년 뒤 의천 스님이 돌아가시고,
숙종마저 돌아가시니 그 뜻은 이어지지 않았어.
아, 이제는 의천 스님 같은
훌륭한 스님을 만날 수 없는 건가?

세월이 흘러 내가 어느덧 어엿한 승려가 되고,
또 세월이 흘러 힘없고 나이 든 승려가 되었을 때
의천 스님과 맞먹을 만한 스님이 나타났어.

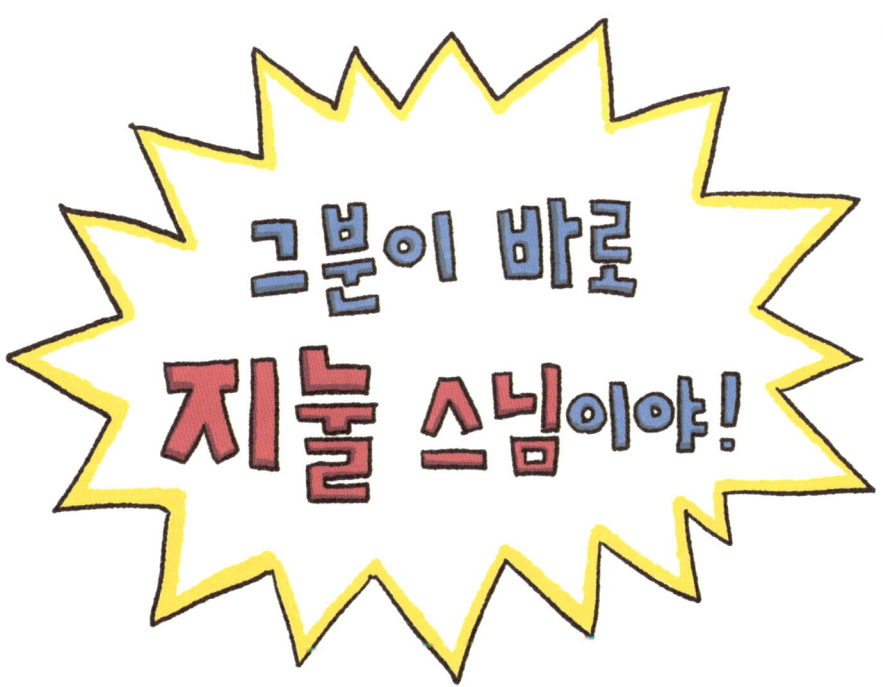

지눌 스님은 명종 시절에 승려를 위한 과거 시험인 승과에 합격했어.

하지만 많은 승려가 재산이나 권력에 눈이 먼 모습에 실망하고,

부처님의 가르침을 실천하고 마음을 갈고닦는 데만 집중하기로 마음먹었지.

고려의 불교 이야기에서 팔관회를 빠뜨릴 수 없지.
팔관회는 원래 불교를 믿는 사람이 지켜야 할
여덟 가지 규범을 지키며 몸과 마음을 바르게 하는 의식이지만,
백성이 믿어 오던 하늘의 신, 산신, 물의 신, 용신을 모셔
고려의 천하태평을 기도하는 행사이기도 해.

팔관회의 첫째 날에는 왕들의 제사를 지내고
둘째 날에는 여러 나라에서 온 신하들과 상인들이
왕께 인사를 드려.
송나라의 신하들뿐만 아니라 일본이나
저 멀리 아라비아 상인들까지 참석해 축제를 즐기지.
팔관회는 모든 고려 사람을 위한 축제이자
국제적인 행사라 할 수 있어.

팔관회 행사가 어마어마하지?
나는 이제 나이가 많아 연등회나 팔관회 같은
큰 행사에는 참석하기 힘들어.
하지만 내 나름대로 마지막까지
백성을 위해 부처님께 기도할 거야.
오늘도 나는 고려의 평안을 위해
나무아미타불.
이건 우리 모두가 같은 마음일 거야.

왕건, 고려 건국.
918년

개경에 궁궐을 지음.
919년

태조, 「훈요 10조」를 남김.
943년

광종, 과거제 실시.
958년

팔관회에 외국 상인들이 참석함.
1034년

의천, 불교 책들의 목록을 정리함.
1090년

송나라 사신 서긍이 고려에 옴.
1124년

글 정지아

중앙대학교 문예창작학과 박사로, 1996년 『고욤나무』로 조선일보 '신춘문예' 소설 부문에 당선되었으며, 이효석 문학상, 한무숙 문학상, 올해의 소설상, 노근리 평화 문학상을 받았습니다. 쓴 책으로는 소설집 『행복』, 『봄빛』, 『숲의 대화』 등이 있고, 어린이책으로는 『유관순』, 『선덕여왕』, 『하늘을 쫓는 아이』 등이 있습니다.

그림 허아성

어릴 적에는 역사 만화를 좋아하고, 국사책에 낙서하기를 즐기던 아이였습니다. 이 책에 그림을 그리며 그 시절이 떠올라 즐거웠습니다. 우리 친구들도 이 재미를 알게 되면 좋겠습니다. 그린 책으로는 『꿈의 자동차』, 『날아갈 것 같아요』, 『끼리끼리 코끼리』, 『사자도 가끔은』 등이 있으며, 쓴 책으로는 『내가 더더더 사랑해』가 있습니다.

감수 하일식

연세대학교 사학과를 졸업하고, 같은 학교 대학원에서 고대사를 연구하여 박사 학위를 받았습니다. 현재 연세대학교 사학과 교수로 학생들을 가르치고 있습니다. 쓴 책으로는 『신라 집권 관료제 연구』, 『경주 역사 기행』, 『한국 고대사 산책』(공저), 『고려시대 사람들의 삶과 생각』(공저) 등이 있습니다.